C++

Premessa

C++ è un linguaggio di programmazione generico progettato per rendere la programmazione più piacevole per i programmatori.

Fatta eccezione per dettagli minori, C++ è considerato un super-insieme del linguaggio di programmazione C infatti, oltre alle strutture fornite da C, C++ offre strutture flessibili ed efficienti per la definizione di nuovi tipi.

Un programmatore può suddividere un'applicazione in diverse parti definendo nuovi tipi che corrispondono strettamente ai concetti dell'applicazione. Questa tecnica per la costruzione di programmi è spesso chiamata **astrazione dei dati**. Gli oggetti di alcuni tipi definiti dall'utente contengono informazioni sul tipo. Tali oggetti possono essere utilizzati in modo comodo e sicuro in contesti in cui il loro tipo non può essere determinato al momento della compilazione. I programmi che usano oggetti di questo tipo sono spesso chiamati basati sugli oggetti. Se utilizzate bene, queste tecniche si traducono in programmi più brevi, più facili da capire e più facili da mantenere.

Il concetto chiave in C++ è la **classe** che sostanzialmente è un tipo definito dall'utente. Le classi forniscono incapsulamento dei dati, inizializzazione dei dati, conversione implicita dei tipi per tipi definiti dall'utente, tipizzazione dinamica, gestione della memoria controllata dall'utente e meccanismi per sovrascrivere gli operatori.

Se conosci già il linguaggio C, ti accorgerai che C++ offre strumenti di gran lunga migliori per la verifica del tipo e per esprimere la modularità rispetto a C. Contiene inoltre miglioramenti che non sono direttamente correlati alle classi tra cui costanti simboliche, argomenti di funzione predefiniti ecc.

C++, tuttavia, mantiene la capacità di C di gestire in modo efficiente gli oggetti fondamentali dell'hardware (bit, byte, parole, indirizzi, ecc.) e ciò consente di implementare i tipi definiti dall'utente con un elevato grado di efficienza.

C++ e le sue librerie standard sono progettate per la portabilità infatti le librerie C possono essere utilizzate da un programma C++ e la maggior parte degli strumenti che supportano la programmazione in C possono essere utilizzati con C++. Questo e-book ha principalmente lo scopo di aiutare i programmatori seri ad imparare il linguaggio e usarlo per progetti non banali. Forniremo una descrizione completa ed essenziale di C++, con esempi completi e molti frammenti di codice.

Capitolo 1
Le basi di C++

Il linguaggio di programmazione C++ è stato creato da Bjarne Stroustrup e dal suo team presso i Bell Laboratories (AT&T, USA) per realizzare progetti di simulazione in modo efficiente ed orientato agli oggetti. Le prime versioni, che in origine erano denominate "C con classi", risalgono al 1980. Come suggerisce il nome del linguaggio, C++ è stato derivato dal linguaggio di programmazione C: ++ è l'operatore di incremento in C. Già dal 1989 è stato istituito il Comitato ANSI (American National Standards Institute) per standardizzare il linguaggio di programmazione C++.

L'obiettivo era far sì che il maggior numero possibile di produttori di compilatori e sviluppatori di software concordasse su una descrizione unificata del linguaggio per evitare la confusione causata da una moltitudine di varianti del linguaggio.

C++ non è un linguaggio puramente orientato agli oggetti ma un ibrido che include le funzionalità del linguaggio di programmazione C. Ciò significa che hai tutte le funzionalità disponibili in C:

- programmi modulari ed universalmente utilizzabili;
- alta efficienza, vicino al linguaggio macchina;
- programmi portabili per varie piattaforme.

Proprio per questo motivo, le grandi quantità di codice sorgente C esistente possono essere utilizzate anche nei programmi C++. C++ supporta i concetti di programmazione orientata agli oggetti (anche detta OOP in breve), che sono:

- astrazione dei dati, ovvero la creazione di classi per descrivere gli oggetti;
- incapsulamento dei dati per l'accesso controllato ai dati degli oggetti;
- eredità mediante la creazione di classi derivate (tra cui classi derivate multiple);
- polimorfismo ovvero l'implementazione di istruzioni che possono avere effetti diversi durante l'esecuzione del programma.

Vari elementi del linguaggio sono stati aggiunti a C++, come riferimenti, modelli e gestione delle eccezioni. Anche se questi elementi del linguaggio non sono caratteristiche di programmazione strettamente orientate agli oggetti, sono importanti per l'efficienza del programma.

Nella programmazione procedurale, i dati e le funzioni (subroutine, procedure) sono separate dai dati che elaborano. Ciò ha un effetto significativo sul modo in cui un programma gestisce i dati:

- il programmatore deve assicurarsi che i dati siano inizializzati con valori adeguati prima dell'uso e che i dati appropriati vengano passati ad una funzione quando invocata;
- se la rappresentazione dei dati viene modificata, ad esempio se un record viene esteso, anche le funzioni corrispondenti devono essere modificate.

Entrambi questi punti possono causare errori e non sono il massimo per la manutenibilità del codice.

La programmazione orientata agli oggetti sposta l'attenzione sugli oggetti, ovvero sugli aspetti su cui è centrato il problema. Un programma progettato per funzionare con conti bancari deve usare concetti come saldi, limiti di credito, trasferimenti, calcolo di interessi e così via. Un oggetto che rappresenta un conto corrente in un programma avrà proprietà e capacità importanti per la gestione del conto stesso.

Alla luce di ciò, gli oggetti OOP combinano dati (proprietà) e funzioni (capacità). Una classe definisce un determinato tipo di oggetto definendo sia le proprietà che le capacità degli oggetti di quel tipo.

Gli oggetti comunicano inviandosi reciprocamente "messaggi", che a loro volta attivano le funzioni di un altro oggetto. La programmazione orientata agli oggetti offre numerosi importanti vantaggi allo sviluppo del software:

- ridotta suscettibilità agli errori: un oggetto controlla l'accesso ai propri dati, più specificamente, un oggetto può rifiutare tentativi di accesso errati;

- facile riutilizzo: gli oggetti hanno una manutenzione migliore e possono quindi essere utilizzati come elementi costitutivi per altri programmi;

- bassa necessità di manutenzione: un tipo di oggetto può modificare la propria rappresentazione interna dei dati senza richiedere modifiche all'applicazione.

Capitolo 2
Come funziona

I seguenti tre passaggi sono necessari per creare e tradurre un programma in C++:

1. Innanzitutto, viene utilizzato un editor di testo per salvare il programma C++ in un file di testo. In altre parole, il codice sorgente viene salvato in un file sorgente. Nei progetti più grandi i programmatori utilizzano la programmazione modulare quindi il codice sorgente verrà archiviato in diversi file sorgente che vengono modificati e tradotti separatamente;

2. Il codice sorgente viene inserito in un compilatore per la traduzione. Se tutto funziona come previsto, viene creato un file oggetto composto da codice

macchina. Il file oggetto viene anche definito modulo;

3. Infine, il linker combina il file oggetto con altri moduli per formare un file eseguibile. Questi ulteriori moduli contengono funzioni di librerie standard o parti del programma che sono state compilate in precedenza.

È importante utilizzare l'estensione di file corretta per il nome del file del codice sorgente. Sebbene l'estensione del file dipenda dal compilatore utilizzato, le estensioni di file più comunemente utilizzate sono .cpp e .cc.

Prima della compilazione, i file di intestazione, denominati anche file di inclusione, possono essere copiati nel file del codice sorgente. I file di intestazione sono semplici file di testo contenenti informazioni necessarie a vari file, ad esempio definizioni di tipo o dichiarazioni di variabili e funzioni. I file di intestazione possono avere l'estensione .h, ma potrebbero anche non avere alcuna estensione. La libreria standard C++ contiene funzioni predefinite e standardizzate disponibili per qualsiasi compilatore.

I compilatori moderni normalmente offrono un ambiente di sviluppo software integrato, che combina i passaggi precedentemente menzionati in un'unica attività. È disponibile un'interfaccia utente grafica per la modifica, la compilazione, il linking e l'esecuzione dell'applicazione. Inoltre, è possibile avviare strumenti aggiuntivi, come un debugger (utile per identificare gli errori).

Oltre ai messaggi di errore, il compilatore può mostrare anche degli avvisi. Un avviso non indica un errore di sintassi ma semplicemente attira la tua attenzione su un possibile errore nella logica del programma, ad esempio l'uso di una variabile non inizializzata.

Un programma C++ è costituito da oggetti con le relative funzioni membro associate e funzioni globali, che non appartengono a nessuna singola classe. Ogni funzione svolge il proprio compito specifico e può anche chiamare altre funzioni. È possibile creare funzioni proprie o utilizzare funzioni già pronte e presenti nella libreria standard.

Tuttavia, esiste un requisito: dovrai sempre scrivere tu stesso la funzione globale main() poiché ha un ruolo speciale da svolgere; in realtà è il programma principale.

Il breve esempio di programmazione che segue mostra due degli elementi più importanti di un programma C++:

```cpp
#include <iostream>
using namespace std;
```

```cpp
int main()
{
 cout << "Mi piace C++!" << endl;
 return 0;
}
```

Il programma contiene solo la funzione main() e visualizza un messaggio. La prima riga inizia con il simbolo #, che indica che la riga è destinata al preprocessore.

Il preprocessore è solo uno degli step nella fase di traduzione e, in questa fase, non viene creato alcun codice oggetto. Puoi digitare #include <nomefile> per fare in modo che il preprocessore copi il file tra parentesi angolari in questa posizione nel codice sorgente. Ciò consente al programma di accedere a tutte le informazioni contenute nel file di intestazione.

Il file di intestazione iostream comprende alcune convenzioni per i flussi di input e output. La parola "stream" indica che le informazioni coinvolte verranno trattate come un flusso di dati.

I nomi predefiniti in C++ si trovano nel namespace std (standard). La direttiva using consente l'accesso diretto ai nomi del namespace std. L'esecuzione del programma inizia con la prima istruzione nella funzione main() ed è per questo che ogni programma C++ deve avere una funzione principale.

A parte il fatto che il nome non può essere modificato, la struttura di questa funzione non è diversa da quella di qualsiasi altra funzione C++. Nel nostro esempio la funzione main() contiene due istruzioni. La prima istruzione cout << "Mi piace C++!" << endl; genera la stringa di testo Mi piace C++! sullo schermo.

Il nome cout (output della console) indica un oggetto responsabile dell'output ed il simbolo <<, indica che i caratteri vengono "spinti" nel flusso di output, infine endl (fine riga) crea una nuova riga.

L'istruzione return 0; termina la funzione main() e anche il programma, restituendo il valore 0 come codice di uscita al programma chiamante. È una prassi comune utilizzare il codice di uscita 0 per indicare che un programma è stato terminato correttamente, un valore diverso da 0 indica che si è verificato un errore.

Nota bene che le istruzioni sono seguite da un punto e virgola (;) che serve al compilatore per capire quando e dove termina un'istruzione.

Vediamo un altro esempio:

```
/***************************************
```

Programma con funzioni e commenti

```cpp
*************************************/
#include <iostream>
using namespace std;
void linea(), messaggio(); // Prototipi
int main()
{
  cout << "Ciao! Il programma inizia nel
main()." << endl;
  linea();
  messaggio();
  linea();
  cout << "Sono alla fine del main()." << endl;
  return 0;
}


void linea() // Disegna una linea
{
  cout << "------------------------------------" << endl;
}


void messaggio() // Visualizza un messaggio.
```

```cpp
{
 cout << "Sono nella funzione messaggio()."
<< endl;
}
```

Il risultato di questo codice sarà:

Ciao! Il programma inizia nel main().

Sono nella funzione messaggio().

Sono alla fine del main().

L'esempio riportato mostra la struttura di un programma C++ contenente più funzioni. In C++, le funzioni non devono essere definite in alcun ordine prefissato. Ad esempio, è possibile definire prima la funzione messaggio(), seguita dalla funzione linea() e infine dalla funzione main(). Tuttavia, è più comune iniziare con la funzione main() poiché questa funzione controlla il flusso del programma. In altre parole, main() chiama le funzioni che devono ancora essere definite. Ciò è reso possibile fornendo al compilatore un prototipo di funzione che include tutte le informazioni necessarie per l'esecuzione.

Questo esempio introduce anche i commenti ovvero le stringhe racchiuse in /*...*/ o che iniziano con // vengono interpretati come commenti. Nei commenti a riga singola il compilatore ignora tutti i caratteri che seguono il simbolo // fino alla fine della riga. I commenti che si estendono su più righe sono utili durante la risoluzione dei problemi, in quanto è possibile utilizzarli per mascherare sezioni complete del programma.

Ogni tipo di commento può essere utilizzato per commentare l'altro tipo. Per quanto riguarda il layout dei file sorgenti, il compilatore analizza sequenzialmente ogni file, suddividendo il contenuto in token, come nomi di funzioni e operatori.

I token possono essere separati da un numero qualsiasi di spazi bianchi, ovvero da spazi, tabulazioni o nuove righe.

L'ordine del codice sorgente è importante ma non è importante aderire ad un layout specifico, come la formattazione del codice in righe e colonne.

Potresti anche scrivere tutto il codice in due righe, per C++ si tratta sempre di un codice valido purché siano rispettate le sue regole.

Le direttive del preprocessore sono un'eccezione alla regola del layout poiché occupano sempre una sola riga. Il segno #

all'inizio di una riga può essere preceduto solo da uno spazio o da un carattere di tabulazione.

Per migliorare la leggibilità dei tuoi programmi C++ devi adottare uno stile coerente, usando l'indentazione e le righe vuote per riflettere la struttura del tuo programma. Inoltre, fai un uso generoso dei commenti ma mai banale.

Capitolo 3
Tipi, costanti e variabili

Un programma può utilizzare diversi dati per risolvere un determinato problema, ad esempio caratteri, numeri interi o numeri in virgola mobile. Poiché un computer utilizza metodi diversi per l'elaborazione e il salvataggio dei dati, è necessario conoscere il tipo di dati. Il tipo definisce:

1. la rappresentazione interna dei dati;
2. la quantità di memoria da allocare.

Un numero come -1000 può essere memorizzato in 2 o 4 byte. Quando si accede alla parte della memoria in cui è memorizzato il numero, è importante leggere il numero corretto di byte. Inoltre, il contenuto della memoria, ovvero la sequenza di bit da leggere, deve essere interpretato correttamente come un intero con segno. Il compilatore C++ riconosce i tipi fondamentali, noti anche come tipi integrati, su cui si basano tutti gli altri tipi (vettori, puntatori, classi, ...).

bool

Il risultato di un confronto o un'associazione logica che utilizza AND o OR è un valore booleano, che può essere vero o falso. C++ utilizza il tipo bool per rappresentare valori booleani. Un'espressione di tipo bool può essere true o false, dove il valore interno per true sarà rappresentato come valore numerico 1 e false da uno zero.

char e wchar_t

Questi tipi vengono utilizzati per il salvataggio dei codici carattere. Un codice carattere è un numero intero associato a ciascun carattere. La lettera A è rappresentata dal codice 65, ad esempio. L'insieme di caratteri definisce quale codice rappresenta un determinato carattere. Quando si visualizzano i caratteri sullo schermo, vengono trasmessi i codici dei caratteri applicabili e il "ricevitore", ovvero lo schermo, è responsabile dell'interpretazione corretta dei codici.

Il linguaggio C++ non specifica alcun set di caratteri particolare, sebbene in generale venga utilizzato un set di caratteri che contiene il codice ASCII (American Standard Code for Information Interchange).

Questo codice a 7 bit contiene definizioni per 32 caratteri di controllo (codici 0 - 31) e 96 caratteri stampabili (codici 32 - 127). Il tipo char (carattere) viene utilizzato per memorizzare i codici carattere in un byte (8 bit). Questa quantità di spazio di archiviazione è sufficiente per un set di caratteri estesi, ad esempio il set di caratteri ANSI che contiene i codici ASCII e caratteri aggiuntivi.

Il tipo wchar_t comprende almeno 2 byte (16 bit) ed è quindi in grado di memorizzare caratteri Unicode moderni. Unicode è un codice a 16 bit utilizzato anche in Windows e contenente codici per circa 35.000 caratteri in 24 lingue.

Valori interi

I tipi short, int e long sono disponibili per operazioni con numeri interi. Questi tipi si distinguono per i loro intervalli di valori. La tabella seguente mostra i tipi interi, che sono anche chiamati tipi integrali, con i loro requisiti di archiviazione e intervalli di valori tipici.

Tipo	Dimensione	Intervallo
char	1 byte	-128 a +127 o 0 a 255
unsigned char	1 byte	0 a 255
signed char	1 byte	-128 a +127
int	2 byte	-32768 a +32767

	4 byte	-2147483648 a +2147483647
unsigned int	2 byte	0 a 65535
	4 byte	0 a 4294967295
short	2 byte	-32768 a +32767
unsigned short	2 byte	0 a 65535
long	4 byte	-2147483648 a +2147483647
unsigned long	4 byte	0 a 4294967295

Il tipo int (intero) è fatto su misura per i computer e si adatta alla lunghezza del un registro del computer. Per i computer a 16 bit (molto datati), int è quindi equivalente a short, mentre per i computer a 32 bit int sarà equivalente a long.

C++ tratta i codici dei caratteri proprio come i normali numeri interi, ciò significa che è possibile eseguire calcoli con variabili appartenenti ai tipi char o wchar_t esattamente allo stesso modo delle variabili di tipo int.

char è un tipo integrale con dimensione di un byte, l'intervallo di valori è quindi compreso tra -128 e +127 o tra 0 e 255, a seconda che il compilatore interpreti il tipo di carattere come con o senza segno. Il tipo wchar_t è un ulteriore tipo integrale ed è normalmente definito come short senza segno.

I tipi short, int e long sono normalmente interpretati come con segno infatti il bit più alto rappresenta il segno. Tuttavia, i tipi integrali possono essere preceduti dalla parola chiave unsigned. La quantità di memoria richiesta rimane inalterata ma l'intervallo di valori cambia a causa del bit più alto non più richiesto per il segno. La parola chiave unsigned può essere utilizzata come abbreviazione di unsigned int.

Anche il tipo char viene normalmente interpretato come con segno. Poiché questa è solo una convenzione e non è obbligatoria, la parola chiave signed è opzionale. Sono quindi disponibili tre tipi: char, signed char e unsigned char.

float

I numeri reali sono indicati da un punto decimale in C++ e sono indicati come numeri in virgola mobile. Contrariamente agli interi, i numeri in virgola mobile devono essere memorizzati con una precisione definita.

Per i calcoli che coinvolgono numeri in virgola mobile sono disponibili i seguenti tre tipi:

- float per precisione semplice
- double per precisione doppia
- long double per precisione elevata

L'intervallo di valori e l'accuratezza di un tipo sono derivati dalla quantità di memoria allocata e dalla rappresentazione interna del tipo. La precisione è espressa in decimali e ciò significa che "sei cifre decimali" consentono a un programmatore di memorizzare due numeri in virgola mobile che differiscono tra le prime sei cifre decimali come numeri separati.

Al contrario, non vi è alcuna garanzia che 12.3456 e 12.34561 saranno distinti quando si lavora con una precisione di sei decimali.

E ricorda, non si tratta della posizione del punto decimale, ma semplicemente della sequenza numerica. Se per il tuo programma è importante visualizzare numeri in virgola mobile con una precisione supportata da una macchina particolare, devi fare riferimento ai valori definiti nel file di intestazione cfloat.

La quantità di memoria necessaria per memorizzare un oggetto di un certo tipo può essere verificata usando l'operatore sizeof: sizeof(tipo) restituisce la dimensione di un oggetto in byte e il nome del parametro indica il tipo di oggetto o l'oggetto stesso. Ad esempio, sizeof(int) rappresenta un valore di 2 o 4 byte a seconda della macchina. Al contrario, sizeof(float) sarà sempre uguale a 4 byte.

Nomi validi

All'interno di un programma i nomi sono usati per designare variabili e funzioni. Le seguenti regole si applicano durante la creazione di nomi, noti anche come identificatori:

- un nome contiene una serie di lettere, numeri o caratteri di sottolineatura (_). Le lettere accentate non sono valide, inoltre, C++ distingue tra maiuscole e minuscole; cioè le lettere maiuscole e minuscole sono considerate diverse;
- il primo carattere deve essere una lettera o un trattino basso;

- non ci sono restrizioni sulla lunghezza di un nome e tutti i caratteri nel nome sono significativi;
- le parole chiave C++ sono riservate e non possono essere utilizzate come nomi.

Di seguito sono indicate le parole chiave C++ e alcuni esempi di nomi validi e non validi:

asm	auto	bool	break
case	catch	char	class
const	const_cast	continue	default
delete	do	double	dynamic_cast
else	enum	explicit	extern
false	float	for	friend
goto	if	inline	int
long	mutable	namespace	new

opera tor	private	protecte d	public
regist er	reinterpret_ cast	return	short
signe d	sizeof	static	static_cas t
struct	switch	template	this
throw	true	try	typedef
typeid	typename	union	unsigned
using	virtual	void	volatile

Esempi di nomi validi:

a	TEST	test
VOID	_variabil e	ImpostaColore
B12	inizio_p agina	nome_molto_lungo1234 67890

Ecco, invece, alcuni nomi che non sono consentiti:

| goto | 598_test | variabile-test |
| TEST$ | true | già |

Il compilatore C++ utilizza nomi interni che iniziano con uno o due trattini bassi seguiti da una lettera maiuscola. Per evitare confusione con questi nomi, evita l'uso del trattino basso all'inizio di un nome.

In circostanze normali, il linker valuta solo un determinato numero di caratteri, ad esempio i primi 8 caratteri di un nome quindi i nomi degli oggetti globali, come le funzioni, dovrebbero essere scelti in modo che i primi otto caratteri siano significativi.

Variabili

È necessario definire una variabile prima di poterla utilizzare in un programma. Quando si definisce una variabile, viene specificato il tipo e riservata una quantità appropriata di memoria. Questo spazio di memoria è indirizzato facendo riferimento al nome della variabile. Una semplice definizione ha la sintassi seguente:

tipo nome1 [, nome2...];

Questo definisce i nomi delle variabili nell'elenco come variabili del tipo tipo. Le parentesi [...] nella descrizione della sintassi indicano che questa parte è facoltativa e può essere omessa. Pertanto, una o più variabili possono essere dichiarate all'interno di una singola istruzione.

In un programma, le variabili possono essere definite all'interno delle funzioni del programma o al di fuori di esse. Ciò ha il seguente effetto:

- una variabile definita all'esterno di ciascuna funzione è globale, ovvero può essere utilizzata da tutte le funzioni;

- una variabile definita all'interno di una funzione è locale, ovvero può essere utilizzata solo in quella funzione.

Le variabili locali vengono normalmente definite immediatamente dopo la prima parentesi graffa, ad esempio, all'inizio di una funzione. Tuttavia, possono essere definite ovunque sia consentita un'istruzione. Ciò significa che le variabili possono essere definite immediatamente prima di essere utilizzate dal programma.

Vediamo un esempio di dichiarazione singola e multipla:

```
char c;
int i, contatore;
double x, y, dimensione;
```

Una variabile può essere inizializzata, ovvero un valore può essere assegnato alla variabile durante la sua definizione.

L'inizializzazione si ottiene posizionando quanto segue immediatamente dopo il nome della variabile:

- un segno di uguale (=) e un valore iniziale per la variabile

oppure

- parentesi tonde contenenti il valore della variabile.

Qualsiasi variabile globale non inizializzata viene esplicitamente impostata a zero. Al contrario, il valore iniziale per qualsiasi variabile locale che non si riesce ad inizializzare avrà un valore iniziale non definito.

Costanti

La parola chiave const viene utilizzata per creare un oggetto di "sola lettura". Poiché un oggetto di questo tipo è costante, non può essere modificato in una fase successiva e deve essere inizializzato come segue:

```
const double pi_greco = 3.1415947;
pi_greco = pi_greco + 2.5; // non valido
```

Pertanto, il valore di pi_greco non può essere modificato dal programma. In questo caso la seconda istruzione genererà un messaggio di errore.

Capitolo 4
Funzioni

Ogni nome (identificatore) presente in un programma deve essere noto al compilatore o provocherà un messaggio di errore. Ciò significa che tutti i nomi diversi dalle parole chiave devono essere dichiarati, cioè introdotti nel compilatore, prima di essere utilizzati. Ogni volta che viene definita una variabile o una funzione, viene anche dichiarata. Al contrario, non tutte le dichiarazioni devono essere una definizione.

Se è necessario utilizzare una funzione che è già stata introdotta in una libreria, è necessario dichiarare la funzione ma non è necessario ridefinirla.

Una funzione ha un nome e un tipo, molto simile a una variabile. Il tipo di funzione è definito dal valore restituito ovvero dal valore che la funzione restituisce al programma. Inoltre, è importante il tipo di argomenti richiesti da una funzione. Quando viene dichiarata una funzione, al compilatore devono quindi essere fornite informazioni su:

- nome e tipo della funzione;
- sul tipo di ciascun argomento.

Questo è anche indicato come prototipo di funzione, vediamone un esempio:

```
double potenza(double, double);
```

La funzione potenza() restituisce un tipo double e accetta due argomenti di tipo double che devono essere passati alla funzione quando viene chiamata. I tipi di argomenti possono essere seguiti da nomi (che consiglio sempre di usare), tuttavia i nomi vengono visualizzati solo come commento dal compilatore.

```
double potenza(double base, double esponente);
```

Dal punto di vista del compilatore, questi prototipi sono equivalenti. I prototipi di funzioni standard non devono essere dichiarati poiché sono già stati dichiarati nei file di intestazione standard. Se il file di intestazione è incluso nel codice sorgente del programma mediante la direttiva #include, la funzione può essere utilizzata immediatamente. In questo caso potremmo usare la funzione pow() della libreria cmath.

Una chiamata o invocazione di funzione è un'espressione dello stesso tipo della funzione e il cui valore corrisponde al valore restituito.

Il valore restituito viene comunemente passato ad una variabile adatta per quel tipo. Nel prossimo esempio la funzione pow() viene prima chiamata usando gli argomenti x e 3.0 e il risultato viene assegnato a y. Poiché la chiamata di funzione rappresenta un valore, sono anche possibili altre operazioni pertanto, la funzione pow() può essere utilizzata per eseguire calcoli per valori double.

```
y = pow(x, 3.0);
```

Qualsiasi espressione può essere passata a una funzione come argomento, può essere una costante o un'espressione aritmetica. Tuttavia, è importante che i tipi di argomenti corrispondano a quelli previsti dalla funzione.

Il compilatore fa riferimento al prototipo per verificare che la funzione sia stata chiamata correttamente e se il tipo di argomento non corrisponde esattamente al tipo definito nel prototipo, il compilatore esegue la conversione del tipo, se possibile.

```
y = pow(x, 3);
```

Il valore 3 di tipo int viene passato alla funzione come secondo argomento ma poiché la funzione prevede un valore double, il compilatore eseguirà la conversione del tipo da int a double. Se viene chiamata una funzione con un numero errato di argomenti o se la conversione del tipo risulta impossibile, il compilatore genera un messaggio di errore. Ciò consente di riconoscere e correggere gli errori causati dalla chiamata di funzioni in fase di sviluppo invece di causare errori di run-time.

È inoltre possibile scrivere funzioni che eseguono una determinata azione ma non restituiscono un valore alla funzione che le ha chiamate. Il tipo void è disponibile per funzioni di questo tipo, che vengono anche definite procedure in altri linguaggi di programmazione.

La funzione standard srand() inizializza un algoritmo che genera numeri casuali. Poiché la funzione non restituisce un valore, è di tipo void. Un valore senza segno viene passato alla funzione come argomento per eseguire l'inizializzazione del generatore di numeri casuali infatti il valore viene utilizzato per creare una serie di numeri casuali.

Vediamo il prototipo della funzione:

```c
void srand( unsigned int seed );
```

Se una funzione non prevede un argomento, il prototipo della funzione deve essere dichiarato void o le parentesi graffe che seguono il nome della funzione non devono racchiudere alcun valore.

int **rand(** void **);** // o int rand();

I prototipi di funzione per srand() e rand() sono disponibili sia nei file di intestazione cstdlib che stdlib.h. Chiamare la funzione rand() senza aver precedentemente chiamato srand() crea la stessa sequenza di numeri come se fosse stata eseguita la seguente istruzione:

srand(1);

Se si desidera evitare di generare la stessa sequenza di numeri casuali ogni volta che si esegue il programma, è necessario chiamare srand() con un valore diverso per l'argomento ogni volta che si esegue il programma. È comune utilizzare l'ora corrente per inizializzare un generatore di numeri casuali.

Capitolo 5
Classi

I file di intestazione sono file di testo contenenti dichiarazioni e macro. Usando una direttiva #include queste dichiarazioni e macro possono essere rese disponibili a qualsiasi altro file sorgente, anche in altri file di intestazione.

Prestare attenzione ai seguenti punti quando si utilizzano file di intestazione:

- i file di intestazione dovrebbero generalmente essere inclusi all'inizio di un programma prima di qualsiasi altra dichiarazione;

- è possibile nominare un solo file di intestazione per direttiva #include;

- il nome del file deve essere racchiuso tra parentesi angolate <...> o virgolette doppie "...".

I file di intestazione che accompagnano il compilatore tenderanno ad essere archiviati in una cartella a sé stante, normalmente chiamata include. Se il nome del file di intestazione è racchiuso tra parentesi angolari <...>, è comune cercare solo i file di intestazione nella cartella include.

La cartella corrente non viene utilizzata ai fini della ricerca per aumentare la velocità durante la ricerca di file di intestazione ma i programmatori C++ di solito scrivono i propri file di intestazione e li memorizzano nella cartella del progetto corrente. Per consentire al compilatore di trovare questi file di intestazione, la direttiva #include deve indicare il nome dei file di intestazione tra virgolette doppie come segue:

```
#include "project.h"
```

In questo caso, il compilatore cercherà quindi anche la cartella corrente. Il suffisso del file .h viene normalmente utilizzato per i file di intestazione definiti dall'utente.

Oltre ai prototipi di funzioni standard, i file di intestazione contengono anche definizioni di classi standard. Quando viene incluso un file di intestazione, le classi definite e tutti gli oggetti dichiarati nel file sono disponibili per il programma. Seguendo queste direttive, le classi istream e ostream possono essere utilizzate con i flussi cin e cout. L'oggetto cin fa parte della classe istream mentre cout è un oggetto della classe ostream.

I file di intestazione standardizzati per il linguaggio di programmazione C sono stati adottati per lo standard C++ e, pertanto, la completa funzionalità delle librerie C standard è disponibile per i programmi C++.

Gli identificatori dichiarati nei file di intestazione C sono globalmente visibili, ciò può causare conflitti di nomi in programmi di grandi dimensioni. Per questo motivo ogni file di intestazione C, ad esempio nome.h, è accompagnato in C++ da un secondo file di intestazione, cname, che dichiara gli stessi identificatori nel namespace std. Includere il file math.h equivale quindi a:

```
#include <cmath>
using namespace std;
```

I file string.h o cstring devono essere inclusi nei programmi che utilizzano le funzioni standard per manipolare le stringhe C. Questi file di intestazione consentono l'accesso alla funzionalità della libreria di stringhe C e devono essere distinti dal file di intestazione di stringa che definisce la classe di stringhe. Ogni compilatore offre file di intestazione aggiuntivi per funzionalità dipendenti dalla piattaforma. Possono essere librerie grafiche o interfacce di database.

Diverse classi sono definite nella libreria standard C++, dalle classi per il flusso di input e output alle classi per rappresentare stringhe o gestire condizioni di errore. Ogni classe è un tipo con determinate proprietà e capacità. Come accennato in precedenza, le proprietà di una classe sono definite dai suoi membri e le capacità della classe sono definite dai suoi metodi. I metodi sono funzioni che appartengono a una classe e cooperano con i membri per eseguire determinate operazioni.

I metodi vengono anche definiti funzioni membro.

Un oggetto è una variabile di un tipo di classe, detta anche istanza della classe. Quando viene creato un oggetto, la memoria viene allocata ai membri e inizializzata con valori adeguati come nell'esempio:

string s("Sono una stringa");

In questo esempio, l'oggetto s, un'istanza della stringa di classe standard (o semplicemente una stringa), viene definito e inizializzato con la costante di stringa che segue. Gli oggetti della classe string gestiscono lo spazio di memoria richiesto per la stringa stessa.

In generale, ci sono diversi modi per inizializzare un oggetto di una classe.

Tutti i metodi definiti come pubblici all'interno della classe corrispondente possono essere chiamati per un oggetto. Contrariamente alla chiamata di una funzione globale, viene sempre chiamato un metodo per un oggetto particolare. Il nome dell'oggetto precede il metodo ed è separato dal metodo da un punto, ad esempio:

```
s.length(); // oggetto.metodo();
```

Il metodo length() fornisce la lunghezza di una stringa, ovvero il numero di caratteri in una stringa. Ciò si traduce in un valore di 16 per la stringa s sopra definita.

Esistono funzioni definite globalmente per alcune classi standard, queste funzioni eseguono determinate operazioni per gli oggetti passati come argomenti. La funzione globale getline(), ad esempio, memorizza una riga di input da tastiera in una stringa. L'input della tastiera viene terminato premendo il tasto Invio per creare un carattere di nuova riga, '\n', che non verrà memorizzato nella stringa:

```
getline(cin, s);
```

Capitolo 6
Operatori

Se un programma deve essere in grado di elaborare l'input di dati che riceve, è necessario definire le operazioni da eseguire per tali dati. Le operazioni eseguite dipenderanno dal tipo di dati, ad esempio è possibile aggiungere, moltiplicare o confrontare numeri. Tuttavia, non avrebbe alcun senso addizionare o moltiplicare le stringhe.

Innanzitutto, viene fatta una distinzione tra operatori unari e binari. Un operatore unario ha un solo operando mentre un operatore binario ne ha due.

Aritmetici

Gli operatori aritmetici vengono utilizzati per eseguire calcoli ed è necessario tenere presente quanto segue:

- Le divisioni eseguite con operandi integrali produrranno risultati integrali; per esempio, 7/2 restituirà 3 come risultato. Se almeno uno degli operandi è un numero in virgola mobile, anche il risultato sarà un numero in virgola mobile; ad esempio, la divisione 7.0 / 2 produce un risultato esatto di 3.5;

- La divisione con resto è applicabile solo agli operandi integrali e restituisce il resto di una divisione integrale. Ad esempio, il 7%2 restituisce il valore 1.

Un'espressione può essere usata come operando infatti nella sua forma più semplice un'espressione è composta da una sola costante, una variabile o una chiamata di funzione. Le espressioni possono essere utilizzate come operandi degli operatori per formare espressioni più complesse. Un'espressione tenderà generalmente ad essere una combinazione di operatori e operandi. Ogni espressione che non è un tipo void restituisce un valore. Nel caso delle espressioni aritmetiche, gli operandi definiscono il tipo dell'espressione.

```
int a(4); double x(7.9);
a * 512 // Tipo int
1.0 + sin(x) // Tipo double
x - 3 // Tipo double, perché uno degli
operandi è di tipo double
```

Le regole matematiche si applicano anche quando si valuta un'espressione, ovvero gli operatori *, /, % hanno una precedenza maggiore di + e -, tuttavia, è possibile utilizzare le parentesi per applicare un ordine diverso.

Esistono quattro operatori aritmetici unari: gli operatori di segno + e -, l'operatore di incremento ++ e l'operatore di decremento --.

L'operatore di segno - restituisce il valore dell'operando ma ne inverte il segno mentre l'operatore di segno + non esegue alcuna operazione utile, restituendo semplicemente il valore del suo operando.

L'operatore di incremento ++ modifica l'operando aggiungendo 1 unità al suo valore e ovviamente non può essere utilizzato con le costanti proprio perché ne modifica il valore. Consideriamo che i è una variabile, sia i++ (notazione postfissa) sia ++i (notazione prefisso) aumentano il valore di i di 1. In entrambi i casi viene eseguita l'operazione i = i + 1. Tuttavia, questi operatori sono due operatori diversi.

La differenza diventa evidente quando guardi il valore dell'espressione; ++i significa che il valore di i è già stato incrementato di 1 unità, mentre l'espressione i++ mantiene il valore originale di i.

Questa è una differenza importante se ++i o i++ fanno parte di un'espressione più complessa: con ++i viene prima incrementato il valore di i e poi viene applicato il nuovo valore di i, con i++ viene applicato il valore originale di i prima di incrementarla.

L'operatore -- modifica l'operando riducendo il valore dell'operando di 1 unità. Ecco un programma di esempio:

```cpp
#include <iostream>
using namespace std;
```

```cpp
int main()
{
 int i(2), j(8);
 cout << i++ << endl; // Output: 2
 cout << i << endl; // Output: 3
 cout << j-- << endl; // Output: 8
 cout << --j << endl; // Output: 6
 return 0;
}
```

Assegnazione

Un'assegnazione semplice utilizza l'operatore di assegnazione = per assegnare il valore di una variabile a un'espressione. Nell'espressioni di questo tipo, la variabile deve essere posizionata a sinistra e il valore assegnato a destra dell'operatore di assegnazione. L'operatore di assegnazione ha una precedenza bassa infatti, di solito, prima viene valutato il lato destro dell'espressione e solo dopo viene assegnato il risultato alla variabile a sinistra.

Ogni assegnazione è un'espressione a sé stante e il suo valore è il valore assegnato. In questa assegnazione il numero 2.5 viene assegnato a x e quindi passato alla funzione come argomento:

```
sin(x = 2.5);
```

Sono anche possibili assegnazioni multiple, che vengono sempre valutate da destra a sinistra:

```
i = j = 9;
```

Composti

Oltre ai semplici operatori di assegnazione ci sono anche operatori di assegnazione composti che eseguono simultaneamente un'operazione aritmetica e un'assegnazione, per esempio:

```
i += 3; // equivale a i = i + 3;
i *= j + 2; // equivale a i = i * (j+2);
```

Il secondo esempio mostra che le assegnazioni composte sono implicitamente poste tra parentesi, come dimostra il fatto che la precedenza dell'assegnazione composta è piuttosto bassa così come quella dell'assegnazione semplice. Gli operatori di assegnazione composti possono essere composti da qualsiasi operatore aritmetico binario, sono quindi disponibili i seguenti operatori composti: +=, -=, *=, /= e %=.

È possibile modificare una variabile durante la valutazione di un'espressione complessa mediante gli operatori ++, --, questa tecnica viene definita effetto collaterale (side effect) quindi ti consiglio di eseguire le operazioni singolarmente per evitare errori e per non compromettere la leggibilità del codice.

Confronto

Ogni confronto in C++ è un'espressione di tipo bool con valore vero o falso, dove vero significa che il confronto è corretto e falso significa che il confronto è errato. Se le variabili lunghezza e spazio contengono lo stesso numero, il confronto è vero e il valore dell'espressione relazionale è vero.

Se le espressioni contengono valori diversi, il valore dell'espressione sarà falso.

lunghezza == spazio // true o false

Quando si confrontano i singoli caratteri, vengono confrontati, in realtà, i codici dei caratteri. Il risultato dipende quindi dal set di caratteri che si sta utilizzando. L'espressione seguente determina il valore true quando si utilizza il codice ASCII:

'A' < 'a' // true, perchè 65 < 97

Gli operatori di confronto sono riepilogati nella seguente tabella:

Operatore	Effetto
==	Uguale a
>	Maggiore di

<	Minore di
>=	Maggiore o uguale a
<=	Minore o uguale a
!=	Diverso da

Logici

Gli operatori logici comprendono gli operatori booleani && (AND), || (OR) e ! (NOT). Possono essere utilizzati per creare condizioni composte ed eseguire l'esecuzione condizionale di un programma in base a più condizioni. Un'espressione logica produce un valore vero o falso, a seconda che l'espressione logica sia corretta o errata, proprio come un'espressione relazionale.

Gli operandi per operatori di tipo booleano sono di tipo booleano, tuttavia, è possibile utilizzare anche operandi di qualsiasi tipo che possono essere convertiti in bool, inclusi eventuali tipi aritmetici. In tal caso l'operando viene interpretato come falso o convertito in falso, se ha un valore pari a 0. Qualsiasi altro valore diverso da 0 viene interpretato come vero.

L'operatore OR (||) restituirà vero solo se almeno un operando è vero, quindi il valore dell'espressione

(spazio < 0.2) || (spazio > 9.8)

è vero se la variabile spazio è inferiore a 0,2 o maggiore di 9,8.
L'operatore AND (&&) restituirà vero solo se entrambi gli operandi sono veri, quindi l'espressione logica

(spazio < 0.2) && (spazio > 9.8)

sarà sempre falsa perché la stessa variabile non può essere contemporaneamente minore di 0,2 e maggiore di 9,8.

Una caratteristica importante degli operatori logici && e || è il fatto che esiste un ordine di valutazione fisso. L'operando di sinistra viene valutato per primo e se un risultato è già stato accertato, l'operando di destra non verrà valutato.

L'operatore NOT (!) restituirà vero solo se il suo operando è falso, vale anche il viceversa. Se la variabile contiene il valore false (o il valore 0), restituisce il valore booleano true. L'operatore && ha una precedenza superiore a || infatti la precedenza di entrambi questi operatori è superiore alla precedenza di un operatore di assegnazione, ma inferiore alla precedenza di tutti gli operatori precedentemente utilizzati. Questo è il motivo per cui era consentito omettere le parentesi negli esempi precedenti in questo capitolo. L'operatore NOT è un operatore unario e quindi ha una precedenza maggiore.

Capitolo 7

Istruzioni di controllo

Consideriamo il seguente programma:

```cpp
#include <iostream>
using namespace std;
int main()
{
 float x, y, min;
 cout << "Inserisci due numeri diversi:\n";
 if( cin >> x && cin >> y) // Se sono due
numeri validi calcola il risultato
 {
  if( x < y )
   min = x;
  else
   min = y;
  cout << "\nIl numero più piccolo è: " << min
<< endl;
```

```cpp
    }
    else
      cout << "\nInput non valido!" << endl;
    return 0;
}
```

Il risultato di questo programma sarà:
Inserisci due numeri diversi:

3

6

Il numero più piccolo è: 3

L'istruzione if-else può essere utilizzata per scegliere tra due istruzioni condizionali. Quando viene eseguito il programma, l'espressione viene prima valutata e successivamente il controllo del programma viene deviato di conseguenza. Se il risultato è vero, viene eseguita l'istruzione dell'if altrimenti viene eseguita l'istruzione del blocco else in tutti gli altri casi, a condizione che esista un ramo else.

Se non c'è un ramo else e l'espressione è falsa, il controllo passa all'istruzione che segue l'istruzione if. È anche possibile nidificare più istruzioni if-else e non è detto che tutte le istruzioni if abbiano un ramo else. Un if può esistere senza un else ma un else non può esistere senza if, motivo per cui ogni istruzione o blocco else è sempre associato all'istruzione if precedente più vicina.

```cpp
if( n > 0 )
 if( n%2 == 1 )
  cout << "Numero positivo dispari";
 else
  cout << "Numero positivo pari";
```

In questo esempio, il ramo else appartiene al secondo if, come indicato dal fatto che l'istruzione è stata indentata. Tuttavia, è possibile utilizzare un blocco di codice per ridefinire l'associazione di un ramo else.

```cpp
if( n > 0 ) {
 if( n%2 == 1 )
  cout << "Numero positivo dispari";
 else
  cout << "Numero positivo pari";
}
else
 cout << "Numero negativo o zero";
```

È possibile definire ed inizializzare una variabile all'interno di un'istruzione if. L'espressione è vera se la conversione del valore della variabile in un tipo bool risulta vera.

È anche possibile utilizzare una catena else-if per eseguire selettivamente una delle diverse opzioni. Una catena di questo tipo implica una serie di istruzioni if-else il cui layout è normalmente il seguente:

```
if ( espressione1 )
 istruzione1
else if( espressione2 )
 istruzione2

 .

 .

 .

else if( espressione(n) )
 istruzione(n)
[ else istruzione(n+1)]
```

Quando viene eseguita la catena else-if, espressione1, espressione2, ... vengono valutati nell'ordine in cui si verificano. Se una delle espressioni risulta vera, l'istruzione corrispondente viene eseguita e questo termina la catena else-if. Se nessuna delle espressioni è vera, viene eseguito il ramo else dell'ultima istruzione if. Se questo ramo else viene omesso, il programma esegue l'istruzione seguente alla catena else-if.

Proprio come la catena else-if, l'istruzione switch consente di scegliere tra più alternative. L'istruzione switch confronta il valore di un'espressione con più costanti come segue:

```
switch( espressione )
{
 case const1: [ istruzione ]
  [ break; ]
 case const2: [ istruzione ]
  [ break; ]

  .

  .

  .

 [default: istruzione ]
}
```

Innanzitutto, viene valutata l'espressione nell'istruzione switch. Il risultato viene quindi confrontato con le costanti, const1, const2, ..., nelle etichette del case.

Le costanti devono essere diverse e possono essere solo tipi integrali (ricorda che anche i valori booleani e le costanti di caratteri sono tipi integrali). Se il valore di un'espressione corrisponde a una delle costanti del case, il programma viene deviato nel ramo appropriato. In tal caso, il programma continua e le etichette dei case perdono il loro significato.

È possibile utilizzare la parola chiave break per uscire incondizionatamente dal blocco switch. Questa istruzione è necessaria per evitare di eseguire tutte le dichiarazioni contenute nelle etichette che seguono. Se il valore dell'espressione non corrisponde a nessuna delle costanti del case, il programma passa all'etichetta default, se disponibile. Se non si definisce un'etichetta default, non accade nulla.

L'etichetta default non deve essere per forza l'ultima etichetta; può anche essere seguita da ulteriori etichette case.

Questo costrutto richiama la catena else-if che è più versatile dell'istruzione switch. Ogni switch può essere codificato usando una catena else-if ma dovrai spesso confrontare il valore di un'espressione integrale con una serie di possibili valori. In questo caso (e solo in questo caso), è possibile utilizzare un'istruzione switch.

Come mostra l'esempio, un'istruzione switch viene letta più facilmente di una catena else-if equivalente, quindi usa l'istruzione switch ogni volta che è possibile.

```cpp
int comando = menu(); // La funzione menu()
legge un comando
switch( comando ) // Valuta il comando
{
 case 'a':
 case 'A':
  azione1(); // Esegue azione1
  break;
 case 'b':
 case 'B':
  azione2(); // Esegue azione2
  break;
 default:
  cout << '\a' << flush; // Beep se input non
valido
}
```

Finora abbiamo visto operatori unari e binari
ma esiste anche un operatore ternario in C++.
L'operatore ternario composto da ? e : viene

utilizzato per formare un'espressione che produce uno di due valori, a seconda del valore di una condizione. Poiché il valore prodotto da tale espressione dipende dal valore di una condizione, si chiama espressione condizionale.

Contrariamente all'istruzione if-else, il meccanismo di selezione si basa sulle espressioni: viene selezionata una delle due espressioni possibili. Pertanto, un'espressione condizionale è spesso un'alternativa concisa a un'istruzione if-else.

Questa catena if-else:

```
if( a > 0 )
  z = a;
else
  z = -a;
```

equivale a:

```cpp
z = (a >= 0) ? a : -a;
```

Questa istruzione assegna il valore assoluto di a alla variabile z. Se a contiene il valore positivo di 12, il numero 12 viene assegnato a z. Ma se a contiene un valore negativo, ad esempio –8, il numero 8 viene assegnato a z.

C++ offre anche istruzioni per modificare il flusso di esecuzione, si tratta di break, continue e goto.

L'istruzione break esce immediatamente da uno switch o da un ciclo. È possibile utilizzare la parola chiave break per passare alla prima istruzione che segue lo switch o il ciclo.

L'istruzione continue può essere utilizzata nei cicli e ha l'effetto opposto di break, ovvero il ciclo successivo viene saltato immediatamente. Questa parola chiave è molto usata nei cicli in C++, infine è disponibile anche l'istruzione goto. Questa istruzione consente di saltare a un determinato punto contrassegnato da un'etichetta all'interno di una funzione. Ad esempio, è possibile uscire immediatamente da una struttura ad anello molto innestata o complessa.

Capitolo 8
Cicli

I cicli vengono utilizzati per eseguire ripetutamente una serie di istruzioni. L'insieme di istruzioni da iterare è chiamato corpo del ciclo. C++ offre tre elementi del linguaggio per formulare istruzioni di iterazione: while, do-while e for.

Il numero di volte in cui un ciclo viene ripetuto è definito da un'espressione di controllo. Nel caso di istruzioni while e for, questa espressione viene verificata prima dell'esecuzione del corpo del ciclo mentre in un ciclo do-while viene eseguito una volta prima del test dell'espressione. L'istruzione while ha il seguente formato:

while(espressione)

istruzione // corpo del ciclo

Quando si entra nel ciclo, viene verificata l'espressione di controllo ovvero viene valutata l'espressione. Se questo valore è true, il corpo del ciclo viene quindi eseguito prima che l'espressione di controllo venga valutata ancora una volta. Se l'espressione di controllo è falsa, ovvero l'espressione restituisce false, il programma continua la sua esecuzione a partire dall'istruzione che segue il ciclo while.

È pratica comune posizionare il corpo del ciclo in una nuova riga del codice sorgente e indentare l'istruzione per migliorare la leggibilità del programma.

```cpp
int contatore = 1; // Inizializzazione
while( contatore <= 10) // Controllo
{
  cout << contatore << ". ciclo" << endl;
```

```cpp
++contatore; // Reinizializzazione
}
```

Come illustra questo esempio, l'espressione di controllo è normalmente un'espressione booleana. Tuttavia, l'espressione di controllo potrebbe essere qualsiasi espressione che può essere convertita nel tipo bool, comprese eventuali espressioni aritmetiche. Come abbiamo già appreso dalla sezione sugli operatori booleani, il valore 0 viene convertito in false e tutti gli altri valori vengono convertiti in true.

Se è necessario ripetere più di un'istruzione in un ciclo del programma, è necessario posizionare le istruzioni in un blocco contrassegnato da parentesi {}. Un blocco è sintatticamente equivalente a un'istruzione, quindi è possibile utilizzare un blocco ovunque la sintassi richieda un'istruzione.

Un tipico ciclo utilizza un contatore che viene inizializzato, verificato dall'espressione di controllo e re-inizializzato alla fine del ciclo come abbiamo visto nell'esempio del ciclo while.

Nel caso di un'istruzione for, gli elementi che controllano il ciclo si trovano nell'intestazione del ciclo stesso. L'esempio sopra può anche essere espresso come un ciclo for:

```cpp
int contatore;
for( contatore = 1; contatore <= 10; ++contatore)
 cout << contatore << ". ciclo" << endl;
```

Qualsiasi espressione può essere utilizzata per inizializzare e re-inizializzare il ciclo, un ciclo for si presenta quindi con questa struttura:

for(espressione1; espressione2; espressione3)

istruzione

L'espressione1 viene eseguita per prima e solo una volta per inizializzare il ciclo, mentre espressione2 è l'espressione di controllo, che viene sempre valutata prima di eseguire il corpo del ciclo:

- se espressione2 è falsa, il ciclo viene terminato;
- se espressione2 è vera, il corpo del ciclo viene eseguito.

Successivamente, il ciclo viene re-inizializzato eseguendo espressione3 mentre l'espressione2 viene nuovamente testata. Puoi anche definire il contatore del ciclo direttamente nell'espressione1. Ciò significa che il contatore può essere utilizzato all'interno del ciclo, ma non può essere utilizzato fuori dal ciclo stesso.

Contrariamente ai cicli while e for, che sono controllati dalle loro intestazioni, il ciclo do...while è controllato alla fine, ovvero l'espressione di controllo viene valutata dopo aver eseguito il corpo del ciclo. Ciò comporta l'esecuzione del corpo del ciclo almeno una volta.

Ecco la sua struttura:

```
do
 istruzione
while( espressione);
```

Quando viene eseguito un ciclo do...while, il corpo del ciclo viene elaborato per primo e solo dopo viene valutata l'espressione di controllo. Il corpo del ciclo viene ripetuto nuovamente se il risultato è vero, altrimenti il ciclo termina.

I cicli possono essere nidificati, ovvero il corpo di un qualsiasi ciclo può contenere un altro ciclo.

Lo standard ANSI prevede una profondità massima di 256 cicli annidati, tuttavia, è buona norma utilizzare al massimo due cicli per evitare la creazione di cicli infiniti. Innestando più cicli, infatti, è molto facile perdere il controllo quindi ti consiglio di eseguire un ciclo e salvarne il risultato, se possibile. In tal modo potrai eseguire un altro ciclo senza la necessità di doverli innestare.

Capitolo 9
Riferimenti

Un riferimento è un altro nome, o alias, per un oggetto che esiste già. La definizione di un riferimento non occupa memoria aggiuntiva e qualsiasi operazione definita per il riferimento viene eseguita con l'oggetto a cui si riferisce. I riferimenti sono particolarmente utili come parametri e valori di ritorno delle funzioni. Il carattere e commerciale, &, è usato per definire un riferimento. Considerato il tipo T, T& indica un riferimento a T.

```cpp
float x = 10.7;
float& rx = x; // o float &rx = x;
```

rx è quindi un modo diverso di esprimere la variabile x e appartiene al tipo "riferimento a float". Operazioni con rx, come ad esempio:

```
--rx; // equivalente a --x;
```

influenzeranno automaticamente la variabile x. Il carattere &, che indica un riferimento, compare solo nelle dichiarazioni e non è correlato all'operatore dell'indirizzo &. L'operatore & restituisce l'indirizzo di un oggetto e, se applicato ad un riferimento, restituisce l'indirizzo dell'oggetto referenziato.

```
&rx // Indirizzo di x, quindi è uguale a &x
```

Un riferimento deve essere inizializzato quando viene dichiarato e non può essere modificato successivamente. In altre parole, non è possibile utilizzare il riferimento per indirizzare una variabile diversa in una fase successiva.

Un riferimento che indirizza un oggetto costante deve essere una costante, ovvero deve essere definito utilizzando la parola chiave const per evitare di modificare l'oggetto mediante riferimento. Tuttavia, è possibile utilizzare un riferimento ad una costante per indirizzare un oggetto non costante.

```cpp
int a; const int& cref = a; // valido!
```

Il riferimento cref può essere utilizzato per l'accesso in sola lettura alla variabile a e si dice che è un identificatore di sola lettura. Un identificatore di sola lettura può essere inizializzato da una costante, in contrasto con un riferimento normale:

```cpp
const double& pi = 3.1415927;
```

Poiché la costante non occupa spazio in memoria, il compilatore crea un oggetto temporaneo a cui viene fatto riferimento.

Un passaggio per riferimento può essere codificato utilizzando riferimenti o puntatori come parametri di funzione. Sintatticamente è più semplice usare i riferimenti, anche se non sempre è consentito. Un parametro di un tipo di riferimento è un alias per un argomento e quando viene chiamata una funzione, un parametro di riferimento viene inizializzato con l'oggetto fornito come argomento. La funzione può quindi manipolare direttamente l'argomento passato ad essa.

```cpp
void test( int& a) { ++a; }
```

In questo caso l'istruzione:

```cpp
test(var); // per una variabile var intera
```

incrementa la variabile var. All'interno della funzione, qualsiasi accesso al riferimento a accede automaticamente alla variabile fornita, var.

Se un oggetto viene passato come argomento usando il riferimento, l'oggetto non viene copiato.
Al contrario, l'indirizzo dell'oggetto viene passato internamente alla funzione, consentendo alla funzione di accedere all'oggetto con cui è stata chiamata.

Contrariamente a un normale passaggio per valore, un'espressione, come a + b, non può essere utilizzata come argomento. L'argomento deve avere un indirizzo in memoria ed essere del tipo corretto.

L'uso dei riferimenti come parametri offre i seguenti vantaggi:

- gli argomenti non vengono copiati. Contrariamente al passaggio per valore, il tempo di esecuzione di un programma è inferiore, specialmente se gli argomenti occupano grandi quantità di memoria;

- una funzione può utilizzare il parametro di riferimento per restituire più valori alla funzione chiamante. Il passaggio per valore consente solo un risultato come valore di ritorno, a meno che non si ricorra all'uso di variabili globali.

Se è necessario leggere gli argomenti, ma non copiarli, è possibile definire un riferimento di sola lettura come parametro.

```cpp
void mostra( const string& str);
```

La funzione mostra() contiene una stringa come argomento, tuttavia, non genera una nuova stringa in cui viene copiata la stringa dell'argomento. Invece, str è semplicemente un riferimento all'argomento. Il chiamante può essere certo che l'argomento non verrà modificato all'interno della funzione, poiché str viene dichiarato come const. Il tipo restituito da una funzione può anche essere un tipo di riferimento. La chiamata di funzione rappresenta quindi un oggetto e può essere utilizzata proprio come un oggetto.

Vediamo questo esempio:

```cpp
string& messaggio() // Riferimento!
{
static string str = "Stringa di prova!";
 return str;
}
```

Questa funzione restituisce un riferimento a una stringa statica, str. Presta attenzione nel restituire riferimenti: l'oggetto a cui fa riferimento il valore restituito deve esistere dopo aver eseguito la funzione. Sarebbe un errore critico dichiarare la stringa str come una normale variabile auto nella funzione messaggio(). Ciò distruggerebbe la stringa all'uscita dalla funzione e il riferimento punterebbe ad un oggetto che non esiste più.

Conclusione

Alla luce di tutto ciò e con una miriade di linguaggi disponibili sorge una domanda: perché usare ancora C++? Si usa ancora per via delle possibilità che fornisce rispetto agli altri linguaggi.

Le motivazioni principali per cui preferire il C++ rispetto a linguaggi come Swift, Java oppure Python sono:

- Le prestazioni: La principale filosofia dietro al linguaggio C++ è di lasciare al programmatore il pieno controllo sulle risorse utilizzate, la loro allocazione e de-allocazione in memoria. In questo campo non fornisce alcuna funzionalità di gestione automatica delle risorse, infatti al contrario di Java, non fornisce alcun algoritmo di Garbage Collection.

Inoltre, la semantica di base, così a basso livello, consente un controllo diretto su come i dati vengono maneggiati e gestiti a livello hardware dalla macchina su cui si sta eseguendo il proprio codice, ad esempio, attraverso l'utilizzo di costrutti come i puntatori, che nei linguaggi di più alto livello, come ad esempio il Java, viene demandata al compilatore/interprete. C++ è un linguaggio che si è dimostrato in grado di garantire altissime prestazioni, irraggiungibili dalle controparti, oltre che una versatilità notevole. Tutto questo lo rende, assieme al suo fratello maggiore il C, l'unica scelta fattibile quando si necessità di scrivere software a latenza molto bassa (software real-time) oppure si deve lavorare con hardware che forniscono risorse limitate.

- La sua semantica di basso livello: C++
  è stato costruito, inizialmente, come un
  super-insieme del C, con un obbiettivo
  ben preciso: quello di fornire un
  linguaggio ben orientato ai sistemi, che
  tuttavia permettesse l'utilizzo del
  paradigma OOP. Sicuramente, ciò ha
  influenzato notevolmente la scelta di
  usare il C come punto di partenza,
  poiché era un linguaggio
  particolarmente indirizzato per la
  programmazione di sistemi ed anche
  largamente impiegato verso tal scopo.
  Questo rende C++ un linguaggio
  incredibilmente pratico anche per lo
  sviluppo di software di livello più basso
  e orientato nativamente verso la
  programmazione di sistemi, ma
  comunque munito della potenza di un
  moderno linguaggio ad oggetti perciò

permette anche un approccio di più alto livello.

- Linguaggio General Purpose: C++ è costruito per essere un linguaggio adatto in svariati campi applicativi e consente di farci praticamente ogni cosa. Questa caratteristica, unita alla sua semantica di basso livello e al suo approccio multi-paradigmatico, lo rende un linguaggio incredibilmente potente, quasi ineguagliabile dalle controparti citate precedentemente.

Questi sono gli aspetti di rilievo per capire il perché usare ancora C++ infatti non solo è ancora largamente utilizzato, ma è tutt'oggi un linguaggio incredibilmente potente e insostituibile. La naturale maggior difficoltà del linguaggio, non è altro che una conseguenza degli aspetti appena descritti.

Tuttavia, il miglior modo per imparare un linguaggio consiste nella pratica quindi cerca di realizzare un progetto in C++ e vedrai che le tue abilità miglioreranno giorno dopo giorno!

www.ingramcontent.com/pod-product-compliance
Lightning Source LLC
Chambersburg PA
CBHW020129180726
47992CB00020B/2566